Mi tintero

Mi tintero

Carla Pérez Frías

TEXTOS
Carla Pérez Frías

PORTADA
Lily Vainylla (@lilyvainylla_)

MAQUETACIÓN
Andrea Gómez Expósito

NÚMERO DE EDICIÓN
Primera

EDICIÓN
Postdata Ediciones

ISBN
978-84-19411-69-3

DEPÓSITO LEGAL
V-1040-2024

LA TINTA QUE EMANA DE MIS VENAS

Puede que solo tratara de escucharme
cuando esa noche descarté todo posible sueño;
me abandoné al paso del tiempo
mientras mis fantasmas amenazaban con olvidarme.

Pues no conozco otra libertad
que la de estar presa en mis pensamientos;
como si de una nube blanca la verdad
se tratara, una a la que acudo cada vez que me miento.

Recogí la libreta abandonada por el tiempo
y la pluma empezó a sangrar
finas y breves gotas de recuerdo.

Si pudiera desnudarse, lo haría;
si pudiera curaría su sangrante herida;
mas si estas se secaran, yo moriría.

Primera gota

Bressol

A VOSOTROS,
cunas de paja y espina,
os recuerda entre calma y tempestad,
navegando constante sobre árdua monotonía
y perspicaz rebeldía.
Pura, necesaria contradicción.

Aprendió a sostenerse escalando vuestras ramas;
a sortear las que querían soltarla,
engañarla.

—¿Por qué no me quieres?—.

Vuestro amor huyó desde antes
de que su mundo fuera su mundo,
dándote una excusa para negárselo,
robárselo.
Aprendió a extrañar lo que nunca tuvo.
De nuevo, siendo contradicción.

Siempre se os dio bien secuestrar rehenes inocentes:
recuerdos felices. Tantos torturásteis
que perdieron la fe y fueron desapareciendo.
Abrieron camino a la indiferencia;
mujer de amor, caprichoso amor.

Pero ella tuvo la elección.
Dibujó sobre vuestra tierra puntos de luz
en los que refugiarse,
a los que huir.
Pudo haberos acompañado hasta ellos,
pero decidió dejaros por miedo a que os tornárais anclas,

como ya era costumbre,
y la precipitárais a los profundos mares.

Así lo comprendió:
ella era la contradicción.

SI LA SOLITARIA HABITACIÓN PUDIERA DESPEGAR

sus sellados labios,
sentiría el deber de rasgar sus paredes
para que ella pudiera gritar
lo que calló en vida;
lo que tras la muerte recordaría.
A oscuras,
con miedo,
sola.

—¿Quiénes sois y por qué vivís conmigo?—

¿No la entendéis? Claro.
La guerra más importante de todas se estaba librando
en un corazón que no era el vuestro.

AUN ASÍ, LO SIENTE.

Siente no haber podido ser
o ser lo que no queríais.

Tal vez debió haber corrido a través de vuestros campos.
Descalza,
desnuda cuando aún podía,
ignorando todas las manos que le sujetaban los tobillos.
Tal vez hubiera sido la solución,
pero era más fácil esconderse,
huir.

El orgullo no nace por un corazón rebelde,
sino por uno manso.
Y ella odia las normas.

Mentiría y diría que no quiso huir tras cada palabra
que, como gusanos que carcomen la manzana,
fueron criándola.
Pero las niñas buenas no mienten.

Siempre ha tenido miedo,
miedo a las reacciones, a los silencios;
pero también a las sonrisas y los besos.
Miedo a acostumbrarse.

Él la crió.
Él la acomplejó.
Él le prometió que cambiaría
y ahora ve las agujas del reloj correr
una tras otra, libres.
Las envidia.

¿Cómo soñar con rosas cuando la oscuridad no le deja verlas?
Su oscuridad, la vuestra.
Creció viendo la luz, deseándola, ansiándola.
Pero jamás llegó.
Temerosa huyó para no volver
por miedo a sentirse igual.

CUANTO MÁS CRECE, MÁS VE QUE SE EQUIVOCÓ,
no era tan fácil como creía,
pensaba que con recibir amor era suficiente.
No quería castillos de humo y arena,
ni grandes estatuas de dinero marrón,
ni alagos en público
si en la botella de cristal el barco ya no respiraba.

Un día de esos en los que nada tenía sentido
y a la vez, demasiado; deseó.
Deseó que se cumpliera;
ser, algún día, para otros pies descalzos
la cálida hierba que vosotros nunca fuisteis para ella.

Segunda gota

Perduda ànima bessona

A ELLA,

a quien confió sus noches oscuras.
Amiga y compañera de sueños ya olvidados.
Tú fuiste la gota predilecta,
la que tenía que derramar el tintero
y provocar la inundación de recuerdos;
la que tenía que venderla al peor postor
por un puñado de monedas caducas;
la que en poco tiempo le demostró lo que era la comprensión
y el abandono.

—¿Por qué estás tan callada?—

Puede que, de todo lo que le decías,
lo que más le dolía era el silencio
que se abría camino entre vuestros años de amistad.
Como un tornado,
arrasaba con ellos e iniciaba el contador de nuevo.
Le dolía porque,
mientras ella temía por lo que dejaba escapar sin control,
tú disfrutabas quemando cada atisbo de vida
que aún quedaba en ella
y, aun viéndola arrepentida por una daga que no empuñó,
seguías incendiando sus adentros,
provocando sus tormentas,
secando sus mares.

Nunca llegó a adivinar lo que pretendías:
si reafirmar tu valía
o castigarla por tus errores.
Pero jamás le importó
porque ella te quería.

Aún te quiere.
Sigues siendo un pilar fundamental en su vida
aunque el templo se desmoronara hace tiempo.

AHORA PUEDE VER QUE SE EQUIVOCÓ CONTIGO,
vio cómo, poco a poco,
tus huellas empezaban a marcar la arena virgen
corriendo hacia ninguna parte.

Contigo te llevaste otras huellas.
No entiende por qué decidiste alejarte,
pero todavía entiende menos
por qué dejarla sin recursos fue siempre tu estrategia;
sin explicación alguna.

SE EQUIVOCÓ
porque depositó en ti
mucho más de lo que podías soportar
y nunca le dijiste;
porque calló todo lo que debió inundar el monólogo de
vuestras discusiones;
porque hace tiempo advirtió
cómo tratabas de cambiar de rumbo,
esperando a que la responsabilidad acabara
para tener una excusa.
Y no hizo nada.
No se atrevió a hacer nada.
No pudo apretar tu mano más fuerte
ni sujetar tu camiseta mientras te alejabas.
Simplemente te observó
mientras perdía las apuestas contra la razón.

Y TÚ,
tú te quedaste con su libro favorito.
Lo creyó perdido entre la inmensidad de su biblioteca
cuando advirtió que había sido secuestrado en una pequeña,
frágil, insignificante estantería.
No lo quiere de vuelta;
rómpelo, quémalo, tortúralo.
Haz que se compadezca de ella.

Pero tú no,
ojalá nunca te compadezcas de lo que dejaste atrás;
ojalá siempre pienses que fue una buena decisión;
ojalá nunca vuelvas sobre tus pasos buscando lo que perdiste.
Porque entonces la encontrarás
crecida, diferente,
con otras vestimentas más limpias y menos remendadas,
menos tuyas.
Porque entonces te preguntarás si vistes los mismos zapatos,
la misma ropa gris, los mismos ojos negros
y el mismo negro en el alma;
sabiendo la respuesta.

No,
no vuelvas si no es para edificar sobre seguro en sus tierras.
Si una casa sin pilares consiguió alzarse de nuevo
un tardío "perdón" no romperá sus murallas.

Tercera gota

Aigua salada

A TU,

que sempre has sigut tu
fins i tot adés que ambdós ho sabéreu.
A la seua gran contradicció: salvació i verí alhora;
salvació quan et sent i verí si vos pensa massa.

Arribares com qui no vol fer acte de presència
a un indret desconegut,
sense permís.
A poc a poc va conéixer els llocs que desitjaves negar
i va trobar en ells els millor amagatalls per fugir de la
tempestat.

Així vos trobàreu una vegada:
ella, perduda i tu, tractant de refer el teu camí.

"ACARONAR-TE L'ÀNIMA",

li escrigueres quan ningú mirava.
Mentre, recordava el primer bes de tots,
el més furtiu i tremolós.
Recorda que te va donar tres i mai no t'explicà perquè.
El primer, a la galta esquerra,
acaronant-te perillosament la comissura del cel,
tancant així un passat ple de foscor.
Va deixar altre a la galta dreta,
que la mirava envejosa de tanta estima,
prometent-te un futur entre tanta incertesa.
Per últim, deixà una petjada als teus llavis,
la primera de totes les que formarien
el vostre camí de foscor i incerteses.

ELLA,
acostumada a lliurar mil batalles sota la llum del sol
i a penedir-se quan comencen a nàixer les estrelles,
te trobà a tu, qui aprofitaves cada paraula feridora
per teixir les teues robes més elegants.
Encara havia d'aprendre tant que li feia vergonya admetre-ho.
Tenia por que pensares que era massa feina.
És massa feina;
molt difícil.
Tu, però, ho veus tot tan clar, tan evident
que no trobà raons suficients per pensar que et mereixia.

ALESHORES FOU QUAN HO VA ESCOLTAR:

—T'estime, i tinc por—.

I totes les seues inseguretats tremolaren alhora.
Tenies por a perdre-la o a perdre't entre la seua estima?

"Siguem contradicció, si cal. Però, siguem".
Aquest fou sempre el problema en un moment
en el qual no podieu ser
perquè ella romania perduda
i tu continuaves buscant el teu camí.

LI OFERIRES PROTECCIÓ I L'ACCEPTÀ;
te donà estima i l'estimares;
però te va prometre i dubtares.
Volia furtar-te'ls, els dubtes,
i acabà desitjant que tu li'ls regalares,
només per poder sentir quelcom teu sempre,
encara que fora roí.
No cal dir que no sabia com estimar-te.

Supose que a estimar ningú mai no aprèn
només dona allò que sempre li va mancar
i prega perquè siga suficient.

ES VA EQUIVOCAR,
mai fores un vaixell segur, sinó el seu mar en calma
amb el qual no havia de cercar seguretat.
Fores eixa aigua que acaronava els seus peus en guerra
i els tranquil·litzava.
Va confondre la calma amb l'estabilitat que necessitava
i no va ser fins que es va fer de nit a la platja
—llevant-se la resta de sorra de les arrugues dels seus dits—
que no trobà el que buscava en els seus propis braços,
amagat per la por.
La soledat sempre ha sigut una bona companya per
reflexionar
i els errors, aquells que millor consolen un cor cansat de ser
submís.

—Paraules que ens fan de llit a les nits
en que sentir-nos a prop és l'únic desig—

PERÒ ÉS EIXA ESTIMA QUE TROBA;
eixa felicitat d'estar a prop de tu;
eixos petons que marquen el camí vers enlloc.
Sempre han sigut eixes paraules
que no necessitaven ser pronunciades
per cridar un sí tremolós.
Espera que sempre siguen eixos missatges
a les cinc de la matinada
dient-li que hi penses massa,
i que això t'agrada.

I ARA

que tot sembla més estable, però no infinit;
ara que ella ha après a córrer per sobre l'aigua,
encara que aquesta brame;
ara que no et necessita és quan més sent que t'estima,
quan més seguretat li transmets.
Perquè la lluna no seria la mateixa si no tinguera un mar
on reflexar-se les nits fosques
i el mar no podria trobar la seua calma si no fos
perquè la lluna li furta les seues ones.

Açò vol ser per a tu:
eixa nit que deixa enrere un dia desastrós,
la mà que et done forces per alçar-te i lluitar,
la calor a les nits fredes de l'hivern.
Però, davant de tot,
no vol ser la teua prioritat,
sinó qui t'ajude a assolir els teus somnis.

I ara
que l'ombra sembla haver desaparegut,
que vos han tornat la veu per cridar sobre els núvols,
que els teus amics coneixent el seu nom,
ella ha començat a trobar-se
però tu necessites temps per deixar-li temps,
perquè quan toque prendre una decisió
la pugues esperar i veure-la aparéixer,
sencera,
amb tots els trossets perduts a la mà.
Així la podràs ajudar a cosir-se les ales amb ells
i junts,
sempre junts,

fugir volant d'aquest món encadenat
per tantes normes sense sentit.

Ara jo vos dic:
sigueu ocells
o peixos
o estrelles,
o tot alhora,
però sigueu.

Quarta gota

Mirall mig trencat

A EIXA XIQUETA

que encara sent els arraps per sota la pell.
A eixa que no sospira
per por a que l'escolten arribar a la seua casa trencada.

Jo li diria que no tanque els ulls per si de cas,
en obrir-los, desperta.
Li agafaria la mà ferida,
li espolsaria els genolls bruts
i li ompliria de petons les butxaques
perquè sempre tinguera sabates noves i lluentes.

Si poguera,
li enviaria una carta d'amor
com les que sempre va voler rebre.
Si poguera, li eixugaria les penes amb mocadors de colors.
Si poguera, dibuixaria estrelles al cel
perquè sempre que es perdera poguera tornar a casa.

Però no puc.
No puc perquè és morta entre les arrels d'un vell arbre;
entre els petons d'un amor que li furtà la tinta del cor.
Ara ja només puc recordar-la
i desitjar que les flors que en ella viuen siguen grans
i, com no, blaves.

A NOSALTRES DOS,
que vam nàixer amb promeses
que ens van decebre des del principi,
que decidírem amagar-nos,
innocents,
només sota paraigües trencats.
Trobàrem pàgines on fondre'ns i tractàrem de perdre'ns,
inútilment.

Perquè tu volgueres ser feliç,
Perquè volgueres cridar que res era just;
vas escriure en una perduda llibreta:

> —*Cuando los moratones se ven*
> *es cuando empiezan a doler.*—

I anys després, plorares en rellegir-la.

Més endavant començaren les nit inacabables.
Mocador sota el coixí
i un mirall trencat.
Llevant-te al cor cada paraula feridora,
cada gest imprecís que arrapaven nits des de feia temps,
emmetzinades.

Per tot açò et dec una disculpa.

DE VEGADES,
no trobe enlloc cap indici que em recorde a tu,
a la meua pell.
Tampoc crec que els cerque massa
o amb massa iniciativa.
Tu em trencares en trossets
que encara són perduts entre un passat dubtós;
un camí esborrat.

Sovint, ric sense forces perquè tu me les furtares.
No m'enfade, tranquil·la,
tu les necessites més que jo.
Però podries avisar-me
abans de tornar sense permís als meus somnis;
de fer trontollar l'estabilitat que pensava assolida
i tornar-me a aquell temps fosc.

T'ENTENC: ET SENTS PERDUDA.

I malgrat que tens persones que et donen la llum que
necessites,
pot amb tu.
Si vols
et puc donar tot el que soc i el que sé,
millor que ningú, què necessites.
Només et demane una cosa:
per favor no tornes.
Si ho fas no sabria com mirar-te als ulls
que vaig deixar enrere;
si ho fas hauria de trencar el mirall que tant em fa recordar-te
i viure condemnada a perdre el reflex de qui vaig ser.

Ara he après a no buscar-te en cada indret;
a no esperar cap missatge seu;
a deixar una petita petjada només al cor de les persones
que veritablement ho mereixen.

SI VOLS

puc ser la mà que et guie mentre tractes d'alçar-te.
Et diré el que vols escoltar quan el soroll et faça perdre
l'orientació.
Però no puc caminar per tu,
no puc espentar-te si els teus peus no volen continuar.
Tampoc puc lliurar-te de les ferides de la resta.
Només veuen un troç de les teues batalles.
No comprenen el que sents.

El més important és que no deixes que les seues paraules
no facen lloc a les teues pròpies.
Un dia aprendràs que cadascú escriu el seu propi llibre
o —per a nosaltres, els més romàntics—
el seu propi vers.

Sobretot, però, aprèn a perdonar-los
encara que les ferides romanen sagnants.
Necessites temps.
Les dues necessitem temps per assolir l'estabilitat desitjada.

Jo et promet
que prompte arribarà el vent que enlairarà les teues ales.
Mai no tornaràs a fer patir els teus peus.

M'ACOMIADE DES DEL MEU AMAGATALL SECRET

mentre pregue perquè un dia arribes a ser jo;
quan estigues preparada per escriure a la teua xicoteta
debilitat
ho faces amb la seguretat al cor,
l'estabilitat a les venes
i molta tinta verge
per no tindre la mateixa por que tinc jo ara.

Por per no saber com continuar creixent.
Por per no trobar mai les peces perdudes.
Por per no ser capaç de protegir el meu senzill,
fràgil,
dubtós mirall.

EN PAZ

Una a una fueron desapareciendo las cartas
y los recuerdos se acomodaron de nuevo.
La noche nos cubrió con su manto negro
mientras todos nos mirábamos, en silencio, las caras.

Más vivos que nunca, me sonreíais.
Os vi quererme por primera vez
entera, sin mentiras ni rencor.

Y sentí paz.

Entonces, retiré la pluma del tintero
que tanto había sangrado para daros vida.
Ahora que ya no rondáis, moribundos, mi mente
puedo seguir dormida.

Carla Pérez Frías nació el 24 de febrero de 2003 en Torrent, València. Empezó a escribir desde bien pequeña y con 11 y 12 años ganó dos menciones de honor en el concurso literario de uno de los colegios de su pueblo natal, CEIP Antonio Machado, en la modalidad de narrativa. Recientemente, ha representado y dirigido dos obras de teatro propias, *La celda 39* (2023) y *Me lo debes* (2024), con uno de los grupos de teatro *amateur* de la Universitat de València: Improvisional, grup de teatre.

Carla Pérez Frías va nàixer el 24 de febrer de 2003 a Torrent, València. Va començar a escriure des de ben petita i amb 11 i 12 anys va guanyar dues mencions d'honor en el concurs literari d'un dels col·legis del seu poble natal, CEIP Antonio Machado, en la modalitat de narrativa. Recentment, ha representat i dirigit dues obres de teatre pròpies, *La celda 39* (2023) i *Me lo debes* (2024), amb un dels grups de teatre *amateur* de la Universitat de València: Improvisional, grup de teatre.